NATIONAL GEOGRAPHIC

¡Recibe el mensaje!

EDICIÓN PATHFINDER

Por Nancy-Jo Hereford

CONTENIDO

2   Voces que luchan por la justicia

10   En busca de la justicia

12   Verificación de conceptos

Voces
que luchan
por la
justicia

Por Nancy-Jo Hereford

El Dr. Martin Luther King Jr. habla a los reporteros de noticias. Las noticias de la televisión ayudaron a que la gente de todo el país comprendiera cuáles eran los objetivos del movimiento de derechos civiles.

MATERIAL impreso, fotografías, televisión, Internet: cada uno de estos medios informa y entretiene. Juntos, nos ayudan a divertirnos, aprender y comunicarnos con los demás. Pero desde el pasado distante hasta el minuto presente, se han utilizado varios tipos de medios de comunicación con un objetivo adicional. Los medios de comunicación han ayudado a apoyar, inspirar e incluso iniciar movimientos de justicia social.

Piénsalo. ¿Qué sería Estados Unidos si no fuera por la *Declaración de la Independencia* y otros documentos que apoyaron la libertad? ¿De qué manera luchan contra la injusticia las imágenes de las personas en fotos y televisión exigiendo equidad y derechos humanos? ¿Cómo es que los medios sociales modernos han pasado de ser un simple medio de diversión a exigir la LIBERTAD Y EQUIDAD?

Descubre cómo los medios de comunicación, de una forma o de otra, han sido siempre una voz que lucha por la justicia.

IMAGINA EL MUNDO en 1776, cuando comenzaba la Revolución de los EE.UU. No había teléfono, ni televisión, ni radio o Internet. No se habían inventado aún los medios que se usan para transmitir las noticias y las **opiniones** hoy en día. Sin embargo, los patriotas se unieron para luchar por la independencia. Sus formas de comunicación eran los discursos públicos y, sobre todo, los ensayos y argumentos escritos. Una forma común de compartir ideas con una amplia audiencia era imprimir un panfleto.

Un panfleto es como un libro corto. Tiene tapa blanda y está hecho con hojas de papel que se cosen o se engrapan todas juntas. En la época de la Revolución, los panfletos políticos eran una lectura muy popular. Producirlos era rápido y barato, y se vendían por algunos centavos.

El panfleto más famoso es *Common Sense (Sentido común)* de Thomas Paine. Tenía 46 páginas y fue publicado en enero de 1776, siete meses luego de la *Declaración de la Independencia*. El título del panfleto de Paine nos da una idea de cómo escribía él. Utilizaba un lenguaje simple para explicar por qué tenía sentido para EE.UU. liberarse de Inglaterra. Paine culpó al monarca inglés, el rey Jorge III, por el trato injusto de las colonias. Sostenía que los colonos debían exigir más que sólo el **derecho** a tener a sus propios representantes en el gobierno británico. Debían crear su propio gobierno y volverse un país independiente.

Common Sense se convirtió en un best seller. Se imprimieron más de 100.000 copias. A medida que más y más colonos leyeron y hablaron sobre las ideas de Paine, sus ideas también fueron cambiando. Es un gran paso adelante imaginar la formación de un país independiente. *Common Sense* ayudó a muchos colonos a dar este paso.

Los panfletos eran la voz de la justicia. Dieron a los colonos estadounidenses buenas razones para luchar por la independencia y la oportunidad de crear un gobierno más justo.

Thomas Paine escribió muchos panfletos insistiendo a las personas para que siguieran luchando por la independencia.

En Common Sense, *Paine argumentaba que los Estados Unidos tenían los recursos para ser independiente.*

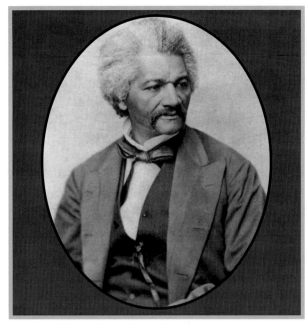

Frederick Douglass describió los males de la esclavitud en su periódico, el North Star.

William Lloyd Garrison quería que el Norte formara un país sin esclavitud.

Medio: periódicos abolicionistas
LA LIBERTAD DE PRENSA

CUANDO ANALIZAS la Revolución de los EE.UU. a través de la lente de la justicia social, puedes ver tanto un éxito como un fracaso. Con la independencia, Estados Unidos se volvió un país democrático. Pero la independencia no significó libertad para todos. La nueva nación aún permitía la esclavitud.

Con el paso del tiempo, y a medida que los estados del Norte prohibieron la esclavitud, se creó un nuevo **movimiento** para abolir (o acabar con) la esclavitud en todas las regiones del país. Sin embargo, el movimiento abolicionista no ganó seguidores de la noche a la mañana. Aunque muchas de las personas del Norte no estaban de acuerdo con la esclavitud, tampoco querían luchar en contra de ella.

Los abolicionistas no se dieron por vencido. Creían firmemente que la esclavitud era un error y que podían persuadir a las personas tanto del Norte como del Sur a ponerse de acuerdo con ellos. Uno de los métodos que usaron los abolicionistas para difundir sus puntos de vista fue sus propios periódicos. Los periódicos abolicionistas publicaban artículos sobre el trato cruel de las personas esclavizadas y por qué debía abolirse la esclavitud. Tanto los estadounidenses afroamericanos como los blancos escribieron y leyeron periódicos abolicionistas.

The Liberator (El Libertador), fue uno de los periódicos abolicionistas más conocidos. Su fundador, William Lloyd Garrison, era un abolicionista radical. Una vez quemó una copia de la Constitución de los Estados Unidos porque allí no se prohibía la esclavitud. A pesar de ello, las personas siguieron leyendo su periódico (publicado en Boston) durante 34 años. Garrison publicó *The Liberator* hasta 1865, cuando la enmienda constitucional número 13 abolió la esclavitud en los Estados Unidos.

Los periódicos eran una voz que luchaba por la justicia. Durante muchos años, estas publicaciones mantuvieron ante los ojos de todos su meta de liberar a las personas esclavas. Lograron crear un Estados Unidos en donde hay libertad para todas las razas.

Esta foto muestra la marcha de 1913 en Washington, D.C. Más de 5.000 mujeres se unieron al desfile en la Avenida Pennsylvania.

Medio: fotografías
LAS MUJERES EN LA MARCHA

CUANDO TE IMAGINAS el inicio de los Estados Unidos y el trabajo de los padres fundadores, podrías preguntarte si el país tuvo madres fundadoras. Por supuesto que había mujeres presentes, pero la Constitución no les dio el derecho a votar. En aquella época, las mujeres no tenían los mismos derechos que los hombres.

Esta situación comenzó a cambiar hacia los años 1800, cuando las mujeres comenzaron a exigir más derechos. Lograron algunas cosas, como tener un mejor acceso a la educación básica. Sin embargo, la petición de las mujeres para poder votar (o el derecho a votar) tardó mucho tiempo en llegar. De hecho, tardó 72 años.

Además, durante los años 1800, mejoró la tecnología fotográfica. A finales de 1800, podían imprimirse fotos en los periódicos. Más o menos al mismo tiempo, los líderes del sufragio femenino se dieron cuenta de que su causa necesitaba recibir más atención. Y los fotógrafos de los periódicos ayudaron para que el voto de las mujeres recibiera más atención. Las mujeres hicieron demostraciones públicas. Marcharon por las calles de la ciudad. Protestaron a las puertas de la Casa Blanca. Y los fotógrafos tomaron esas imágenes para los periódicos.

La marcha más famosa por el sufragio femenino se realizó en Washington, D.C., en 1913. Una multitud de hombres que estaban en contra del voto de las mujeres se pusieron difíciles de controlar, y quienes estaban en la marcha sufrieron heridas. Los fotógrafos de los periódicos nacionales tomaron fotos de todo el evento.

Las fotos y las historias en los periódicos causaron respeto por la lucha de las mujeres por votar e indignación por lo que les había pasado. El jefe de la policía de Washington fue despedido por no proteger a las personas que marchaban. La marcha fue un punto decisivo para la campaña a favor del voto. Pasaron otros siete años de protestas, pero finalmente, en 1920, la enmienda constitucional número 19 dio a las mujeres el derecho al voto.

Los fotógrafos fueron otra voz que lucha por la justicia. ¡Estas fotos transmitieron la decisión de las mujeres que no iban a rendirse hasta lograr obtener el derecho de votar!

LA TELEVISIÓN es una parte tan importante de nuestra vida actual que parece como si siempre hubiera existido. Pero si tienes bisabuelos o abuelos nacidos en 1940 o antes, probablemente te dirán que crecieron sin televisión.

En los Estados Unidos, las personas comenzaron a comprar televisores alrededor de 1950. Para 1960, el 90 por ciento de las casas tenía una TV. Y tal como lo hacen hoy en día, las personas veían la televisión para divertirse. Aunque también la ven para estar informados.

Antes de la televisión, las personas escuchaban las noticias por radio. Cuando iban al cine, podían ver las escenas de nuevos eventos en los cortos de noticias que allí pasaban. Las noticias en la televisión eran diferentes. Permitían a las personas ver los eventos en la comodidad de sus salones, día tras día.

Muchas personas tuvieron la oportunidad de ver los discursos del Dr. Martin Luther King Jr. en la televisión.

A partir de mediados de la década de 1950, las noticias en la televisión comenzaron a mostrar con frecuencia a los estadounidenses afroamericanos en las ciudades del Sur protestando por los derechos civiles. Algunas de las escenas eran inspiradoras, como por ejemplo cientos de personas reuniéndose y marchando de forma pacífica. Sin embargo, muchas de las escenas de protesta por los derechos humanos fueron terribles y violentas. Los televidentes vieron a adultos blancos que les gritaban a niños estadounidenses afroamericanos que trataban de entrar en un colegio sólo para blancos. Vieron cómo atacaban a los indefensos manifestantes.

¿Recuerdas los periódicos abolicionistas que enseñaban a las personas sobre los males de la esclavitud? La televisión tuvo un efecto similar en muchas personas de todo el país. Las cámaras de televisión informaron a la gente sobre las injusticias que vivían los estadounidenses afroamericanos.

La televisión que hablaba de los derechos civiles fue una voz que lucha por la justicia. Gracias a ella la opinión pública se puso del lado de las leyes nacionales, aprobadas por el Congreso en 1964 y 1965, que garantizan los derechos civiles a las personas de todas las razas.

EXISTEN diferentes tipos de noticias e informes. Los programas de noticias, como los noticieros en la noche, informan a los televidentes. Presentan los hechos de los sucesos actuales. Pero también existe otro tipo de programa que habla sobre los sucesos actuales y se llama documental. Su objetivo es documentar, o registrar, información sobre sucesos reales de manera que sirva de apoyo a una opinión específica. Un documental informa a los televidentes sobre un tema y trata de persuadirlos para que se preocupen por él. A menudo, los documentales denuncian una injusticia oculta.

El día después del Día de Acción de Gracias en 1960 se transmitió un documental de televisión que hizo historia. Recuerda que para 1960, la mayoría de las familias en los Estados Unidos tenía televisión. Como te imaginarás, muchas personas habían disfrutado de una gran cena festiva el día antes. Estaban listos para relajarse frente a sus televisores.

Quienes vieron el documental llamado *Harvest of Shame* (Cosecha de vergüenza) sintieron una sacudida que finalmente terminó llegando hasta los pasillos del Congreso. *Harvest of Shame* trataba sobre los campesinos migrantes en Florida. El programa revelaba que estos trabajadores, que viajaban de granja en granja recogiendo cultivos, apenas lograban reunir suficiente dinero para vivir. Los televidentes pudieron ver su pobreza y la mala salud que tenían.

Antes de *Harvest of Shame*, la mayoría de los estadounidenses no sabía mucho sobre la vida de los campesinos migrantes. Lo que aprendieron luego de ver el documental hizo que muchos pidieran ayuda para esos hombres y mujeres. En 1962, el Congreso aprobó una ley para que los campesinos migrantes recibieran servicios (por ejemplo, cuidados de salud). Ese mismo año, César Chávez organizó la Asociación Nacional de Trabajadores de Granjas en California para obtener mejores condiciones de trabajo para los campesinos.

Los documentales son otra voz que lucha por la justicia. Un documental exitoso no sólo presenta hechos sobre un tema. Hace que las personas piensen sobre sus ideas y opiniones. Y lo que es mejor, les da un empujón para que entren en acción y ayuden a los que lo necesitan.

Ahora y en el futuro

TRANSPORTÉMONOS RÁPIDAMENTE hasta la actualidad. El material impreso, las fotografías, los noticieros de televisión y documentales son todos métodos que tienen las personas para conocer sobre los problemas sociales. Estos tipos de **medios de comunicación** siguen siendo armas para luchar contra la injusticia. ¿Qué otros tipos de medios de comunicación puedes nombrar? ¿De qué forma actúan como voces a favor de la justicia? ¡Mantén tus ojos y oídos abiertos para descubrir nuevos tipos de medios de comunicación que aseguren que la justicia siempre tenga una voz!

Vocabulario

causa: objetivo que algunas personas apoyan o por el que luchan

derecho: algo que te permite hacer la ley

medios de comunicación: formas de comunicarse con una amplia audiencia, como periódicos, revistas, radio y televisión

movimiento: personas con las mismas creencias o ideas que trabajan juntas para lograr un cambio

opinión: lo que alguien piensa sobre algo

Cómo leer una página web

¿Adónde te fijas primero para obtener información? Es muy posible que uses tu computadora o tu teléfono celular para entrar en Internet. Y es allí donde puedes encontrar miles de páginas web dedicadas a la justicia social.

Cualquier persona puede crear una página que apoye una causa. Entonces, ¿cómo haces para saber si la información que estás leyendo es cierta? Al igual que con cualquier otra fuente de información, tienes que pensar de forma crítica. Pon a prueba tus habilidades de pensamiento crítico con esta página web imaginaria de un grupo de justicia social. Decide si podrías confiar en esta información.

Nombre: *¿Reconoces el nombre?*

URL: *¿Este grupo es una organización? ¿Está conectado con alguna universidad? ¿Forma parte de un organismo del gobierno?*

NG Reach

www.NGReach.com/water

cleanwater SOCIETY

A collective effort to provide safe, clean drinking water to everyone.

"All the water that will ever be is, right now..."

—NATIONAL GEOGRAPHIC 08.1993

site map

| Home | About Us | Our Mission | Projects | Take Action | Volunteer | Contact Us |

Donate

Name

email address

password

Continue ▶

Nuestro objetivo es asegurar que todas las personas tengan acceso al agua potable. Suena fácil, ¿no? Pero no lo es. Aquí están los hechos:
− El agua es esencial para la vida. Las personas necesitamos beber agua para vivir. El agua es necesaria para lavar y cocinar. Las plantas y los animales también necesitan agua.
− El agua es un recurso precioso. Sólo el 3 por ciento del agua de la Tierra es dulce y potable. Y sólo puede accederse fácilmente al 1 por ciento.
− El agua limpia no está distribuida de forma equitativa por todo el mundo. Sólo seis países controlan la mitad de las reservas de agua limpia del mundo.
− La contaminación y el uso en exceso reducen la cantidad de agua dulce disponible.
Es tarea de todos conservar el agua limpia y usarla con inteligencia. Por favor, ayuda.

Enlace para la donación: *¿Qué quiere este grupo que hagan los visitantes? ¿Cómo se utilizarán los donativos?*

Misión: *¿Entiendes qué está tratando de lograr este grupo? ¿Qué evidencia usa el grupo para respaldar sus ideas?*

En busca de la JUSTICIA

ÉCHALE UN VISTAZO A LA JUSTICIA EN EL SIGLO XXI.

"Tweeteando" la revolución

A principios del siglo XXI, los medios de comunicación social transformaron la forma en la que se mantienen en contacto los amigos y miembros de las familias. La gente habla, envía mensajes de texto y fotografías desde cualquier parte con sus teléfonos celulares. Se conectan con aquellos que eligen como "amigos" en páginas web personales. Publican videos en Internet que pueden ser serios o tontos. Siguen los pasos de sus amigos e incluso de los famosos con "tweets" de 140 caracteres.

Medios de comunicación revolucionarios

Estos tipos de medios de comunicación social se crearon como herramientas de comunicación. En comparación con las formas de comunicación del pasado, los medios de comunicación social son revolucionarios. Y en algunos lugares del planeta, también están comenzando a usarse para difundir la revolución.

Alrededor del mundo las personas luchan para obtener una mayor libertad política y personal. En los lugares donde las personas tienen acceso a medios de comunicación social, estos se han convertido en una fuerza a favor de la libertad. Los líderes de las protestas pueden enviar "tweets" a miles de personas al mismo tiempo con las noticias más importantes. Pueden tomar una foto con su teléfono celular y enviarla en segundos para informar o unirse a los seguidores. El control de la información es uno de los métodos que usan los líderes injustos para permanecer en el poder. Los medios de comunicación social ayudan a la gente a enterarse de la verdad sobre los problemas del mundo entero antes de que los líderes injustos puedan detenerlos.

Una mujer ondea la bandera de Egipto. Fíjate en las personas que toman fotos con sus teléfonos celulares.

Protestas en línea y en la calle

La revolución en Egipto en 2011 es un ejemplo del impacto de los medios de comunicación social. El presidente, Hosni Mubarak, fue obligado a renunciar luego de haber gobernado a Egipto por treinta años. Para quedarse en el poder, su gobierno intentó detener los desacuerdos. Gracias a los medios de comunicación social, las personas encontraron una forma de compartir sus puntos de vista. Un grupo, llamado Movimiento Juvenil 6 de Abril, utilizó una página web para organizar las protestas y obtener miembros que estuvieran de acuerdo con sus peticiones de libertad de expresión y otros derechos.

Las protestas en contra del presidente Mubarak unieron a miles de egipcios de todas las edades. Los "tweets" y los mensajes de texto lograron mantener fluyendo la información. Las protestas continuaron creciendo hasta que se hizo claro que los egipcios exigían a un líder nuevo más democrático. El presidente Mubarak renunció.

Desde las páginas impresas hasta los "tweets" en texto

Los medios de comunicación social no se crearon para difundir la revolución. Pero a decir verdad, la televisión tampoco se inventó para apoyar el movimiento de derechos civiles. Las cámaras no se crearon sólo para capturar imágenes de protestas y marchas. Los periódicos y otras publicaciones, tanto ahora como en el pasado, no sólo se imprimen para educar a los lectores sobre la injusticia en el mundo.

Sin embargo, las personas que luchan en contra de la desigualdad y la injusticia son ingeniosas. Encuentran los medios que necesitan para denunciar los prejuicios y las malas acciones. Encuentran las armas para ayudar a crear un mundo mejor y más brillante. Desde las páginas impresas, pasando por los "tweets", y hasta lo que seguirá en el futuro, los medios de comunicación siempre han sido amigos de la justicia.

El mensaje
de los medios

Difunde el mensaje. Responde las siguientes preguntas sobre medios de comunicación y justicia.

 ¿Cómo hacía la gente para comunicar sus ideas y opiniones durante la Revolución de los Estados Unidos?

 ¿Por qué fue importante la fotografía para el movimiento de sufragio de las mujeres?

3 ¿Cómo fue que la televisión cambió la forma en la que las personas recibían las noticias?

4 Haz una lista de tres cosas que debes considerar cuando miras una página web.

5 ¿Qué diferencias hay entre los medios que utilizan hoy las personas para difundir la justicia social en comparación con el pasado?